Los buitres y la reina

La batalla de los multimillonarios y la reina del bótox

Hoyt Hilsman

traducción por Liliana Casal

INTRODUCCION

A mediados de julio en el estadio de Maracaná en Río de Janeiro, Argentina y Alemania están disputando la final de la Copa del Mundo de la FIFA 2014. Al final del tiempo reglamentario los equipos empatan 0 a 0. Mientras el mundo entero ve el partido y los hinchas de cada equipo rezan por una victoria, el volante alemán Andre Schurrle, un sustituto que entra tarde en el juego, se desborda pasando a tres defensores argentinos y hace un centro a Mario Gotze de veintidós años, que tras el pase amortigua el balón con el pecho y, sin dejarlo caer, lo remata cruzado pasando a Romero para convertir el gol de la victoria. El estadio explota en histeria y los hinchas alemanes se vuelven locos. Los festejos comienzan inmediatamente en todos los rincones de Alemania, mientras que los argentinos permanecen sentados mudos y anonadados. Algunos lloran silenciosamente.

Entre los hinchas en el estadio de Maracaná alentando a Argentina ese día se encuentra un americano de cabello gris, sesentón, con anteojos y luciendo la camiseta del equipo argentino. El hombre parece un profesor universitario que ha pasado toda su vida en una torre de marfil, tal vez estudiando obscuros textos medievales. Pero nada puede estar más lejos de la verdad. Es Paul Singer, fundador de un poderoso *hedge fund*, varias veces multimillonario. Tal vez lo que es más importante, mientras alienta al equipo de Argentina, él tiene en sus manos el destino de cuarenta millones de argentinos.

Al mismo tiempo, en el palco presidencial y lejos de la multitud están Dilma Rousseff, presidente de Brasil y Angela Merkel, primer ministro de Alemania. Notoriamente, en este momento histórico para la nación, Cristina Fernández de Kirchner, presidente de Argentina está ausente. ¿Por qué, se preguntan muchos argentinos, la "reina Cristina", como suelen llamarla, decidió no estar presente en el evento deportivo más importante del país en el último cuarto de siglo?

Esa misma semana, la oficina de Kirchner emitió un comunicado anunciando que no iba a presenciar la final de la Copa del Mundo debido a una infección en la garganta. ¿Por qué entonces programaría una reunión para el día anterior a la final con el presidente de Rusia Vladimir Putin? ¿Y por qué continuaba con sus planes de atender una reunión de países emergentes la siguiente semana en Brasil?

Kirchner también mencionó en el comunicado que iba a participar de la celebración del primer año de su nieto al día siguiente de la final de la Copa del Mundo. "Como abuela, se pueden imaginar las ganas que tengo de compartir este momento con mi familia." Dijo Kirchner. Pero muchos de sus compatriotas, atrapados por la manía del fútbol y la dicha de que Argentina llegara a la final de la Copa del Mundo, no se lo

creían. ¿Era una bofetada en la cara en un país donde predomina la

cultura machista del fútbol? ¿O tenía miedo que Argentina perdiera y

que la acusaran de traer mala suerte con su presencia?

"En el pasado hubo presidentes tildados de no traer buena suerte

al equipo nacional." Escribió el *Buenos Aires Herald*. "Aunque suene

como una idea insignificante, Cristina Fernández no desea exponerse a

una derrota en el momento que su administración enfrenta más de un

problema. Nadie quiere traerle una maldición a la selección."

Para Argentina, y muchos otros países en el mundo, el fútbol es

como una religión. El equipo de fútbol es un sinónimo de la nación. Los

dos son inseparables y la identidad nacional está íntimamente ligada al

destino del equipo. Cuando se trata de eventos como la final de la Copa

del Mundo, no existe distinción entre el deporte y la política. Es así

como en la maraña de la política de Argentina, la decisión de Kirchner de

no presenciar la final fue un reflejo de su situación tan precaria. El

apodo "reina Cristina" que fuera alguna vez emblemático de su

popularidad, era ahora mascullado entre dientes y a veces gritado en las

calles de Argentina como una muestra de burla.

¿Que provocó la caída de Cristina Kirchner de su rol histórico como

primer mujer presidente electa de la Argentina y una figura tan popular, a una personalidad política duramente criticada y despreciada? ¿Qué hay detrás de la caída de Argentina, con una economía floreciente, a una nación que enfrenta la bancarrota? ¿Y cuál es el rol del hombre, profesional de cabello gris sentado en las gradas del estadio de Maracaná? Este libro explorará la fascinante historia.

.

CAPITULO UNO

La celebración del primer cumpleaños de su nieto en Río Gallegos, su ciudad de residencia en la Patagonia, fue un raro momento de alegría para Cristina Fernández de Kirchner. Los últimos años fueron muy difíciles para la primer mujer elegida democráticamente como presidente de Argentina. En el 2007 ganó una victoria decisiva en las elecciones presidenciales, sucediendo a su esposo Néstor Kirchner y evitando así una segunda vuelta al ganar más del 45% del voto, en su mayoría votos de la clase trabajadora y la franja más pobre de la sociedad. Desde entonces ha enfrentado crisis tras crisis y un descenso lento de su popularidad. Pero juntos, los Kirchner enfrentaron momentos difíciles.

Desde el momento que se conocieron como estudiantes universitarios y activistas en la izquierda Peronista, Néstor Kirchner y Cristina Fernández, fueron una pareja dinámica, política y románticamente involucrada. Fue una conexión amorosa instantánea entre el carismático y energético Néstor y la fría y resuelta Cristina. Ambos comparten orígenes modestos y de clase trabajadora. El padre de Cristina era chofer de autobús y el de Néstor un empleado del servicio postal. Ambos eran ambiciosos y muy comprometidos con la política de izquierda. Se conocieron en un mitin político estudiantil, formando rápidamente pareja y casándose en seis meses. En seguida después del casamiento, Cristina cambió su carrera de psicología a derecho. Después de conseguir su título de abogada se unió a la práctica legal privada de su esposo.

Ambos Kirchner nacieron en un momento donde Argentina estaba profundamente dividida por la presidencia de Juan Perón y su fallecida esposa, la famosa Evita. La clase trabajadora y los sectores más pobres de la población admiraban profundamente a Perón y sus seguidores izquierdistas, pero eran menospreciados por la clase media y alta y también por sectores de las fuerzas militares. Cristina creció en el medio de este período turbulento en la ciudad de La Plata, que por un breve período se llamó Eva Perón, hasta que uno de los tantos dictadores militares volvieron al nombre original. La familia de Cristina era un reflejo de las divisiones políticas en el país. Su padre era un férreo antiperonista, mientras que su madre, una líder sindical de ascendencia alemana, era una férrea peronista. El ambiente familiar era compresiblemente tenso y los padres de Cristina, que no se habían casado hasta que ella tenía dos años, eventualmente se divorciaron.

Después del golpe militar a la presidente Isabel Perón en el 76, tercera esposa y ahora viuda de Juan Perón, la dictadura lanzó una "guerra sucia" contra los peronistas, periodistas, sindicalistas y otros sectores de izquierda. Los Kirchner estuvieron muy involucrados en política con tendencia de izquierda, empezando como estudiantes cuando Néstor estuvo presente en la infame masacre del aeropuerto de Ezeiza, donde francotiradores de derecha asesinaron o hirieron a cientos de peronistas reunidos allí para recibir a Juan Perón tras su regreso a la Argentina después de un exilio de dieciocho años. Anteriormente, los Kirchner tuvieron contacto con guerrilleros izquierdistas pero lograron evitar el escrutinio de las autoridades (aunque Cristina pasó un mes en prisión antes de ser liberada).

Debido a su afinidad izquierdista, decidieron mantener un perfil bajo durante este tiempo y se mudan a la remota Patagonia donde establecen una práctica legal. Sin embargo, cuando restauran la democracia en 1983, ambos Kirchner retoman la política. En 1987 Néstor es elegido alcalde de la ciudad de Río Gallegos y en 1991 es elegido gobernador de la provincia de Santa Cruz. Mientras tanto, Cristina da a luz al primer hijo de la pareja, Máximo, y es elegida a la legislatura provincial de Santa Cruz.

Néstor consolida su poder en Santa Cruz modificando la constitución provincial para poder ser reelegido indefinidamente. En poco tiempo se convierte en una estrella importante en el Partido

Justicialista (Peronismo), liderado entonces por el presidente Carlos Menem. Una disputa partidaria comienza en 1999 cuando Menem busca, inconstitucionalmente, la reelección por tercera vez como presidente. Néstor apoya al oponente de Menem, Eduardo Duhalde, quien había perdido en las elecciones presidenciales. Mientras tanto, Cristina es elegida a la Cámara Nacional de Diputados en 1995 y al Senado en el 2001.

El 2003 es un año crucial en la vida de los Kirchner. Argentina está sumida en una profunda crisis económica combinada con una corrida en los bancos y manifestaciones en las calles. Una serie de presidentes interinos y demostraciones en la calle terminan con el rechazo contundente de la totalidad de la clase política. El equivalente argentino de "basta de sinvergüenzas" porque el electorado está harto de los políticos. Néstor Kirchner se mete en esta situación caótica presentándose en la elección presidencial del 2003. Es un escenario político atestado de candidatos, que también incluye al ex presidente Menem, y donde Néstor sale segundo con el 22% de los votos. Antes de una segunda vuelta, Menem retira su candidatura y declaran a Kirchner presidente en mayo del 2003, elegido con el porcentaje de voto más bajo en la historia de Argentina.

Inmediatamente después de asumir la presidencia, Néstor toma medidas muy agresivas para manejar la crisis económica y el sufrimiento humano que está causando. Ataca a la corrupción dentro del gobierno, obligando a los líderes militares y los jueces de la Corte Suprema a jubilarse. Pero su contribución más importante y controversial es su manejo de la deuda externa argentina por $178 mil millones de dólares. En negociaciones muy difíciles con el Fondo Monetario Internacional, Néstor logra renegociar más de tres cuartos de la deuda nacional con un valor de recupero de aproximadamente un tercio del valor original. En el 2005 anuncia el repago total de la deuda argentina.

Cuando Néstor se hace cargo de la presidencia, Argentina ya había entrado en cesación de pagos - *default* - de la deuda, el PBI había caído casi 20% en cuatro años, el desempleo alcanzaba el 25% y el peso se había depreciado 70%. Desde el 2003 hasta el 2007 la economía crece 9% anualmente con un aumento de casi 5 millones de nuevos trabajos. Para el final de su primer mandato, Néstor es extremadamente popular y se espera que gane una reelección fácilmente. Pero decide no presentarse en las elecciones. Es todavía un misterio el por qué Néstor decide no presentarse para un segundo término, especialmente cuando goza de tanta popularidad. Hubo ciertos rumores de corrupción, pero eso difícilmente lleva a un líder sudamericano a dejar de participar en política. Una explicación más lógica es que él quería extender su poder por un período más largo, pasándole primero las riendas a Cristina. Dado que el presidente está limitado a dos términos presidenciales, ¿por qué no dejar a Cristina tomar el poder (ella con seguridad ganaría en el 2007 impulsada por su popularidad) y seguir siendo el poder detrás del trono? De esa forma, ella podía servir dos términos y él podría volver, si fuera necesario, por un término adicional. En resumidas cuentas, los Kirchner ambicionaban crear una dinastía.

Sea cual fuere la razón para que Néstor no se presentara como candidato, él hizo una campaña contundente en favor de Cristina y en el 2007 ella obtiene una victoria decisiva con más del 45% de los votos, primordialmente de la clase trabajadora y los sectores más pobres de la sociedad, evitando así una segunda vuelta. Bajo ese manto de popularidad, Cristina lanza una campaña agresiva contra los intereses del sector agrícola que están representados por uno de los sectores más elitistas de la sociedad del país. Una propuesta de aumento de los impuestos a la exportación agrícola lleva a protestas y un boicot de los sectores agrícolas culminando en la derrota de la propuesta y una caída vertiginosa en la popularidad de Cristina.

Durante los siguientes años Cristina debe esforzarse para mantener su popularidad, su poder político disminuye con la pérdida de puestos en el Congreso y las acusaciones de deshonestidad plagan su administración. Al mismo tiempo, su perfil internacional crece cuando promociona intereses argentinos en sus numerosos viajes al exterior, tanto visitas a otros países como participación en cumbres de mandatarios. Se dedica a mejorar la economía del país y reducir la deuda externa Argentina. Siempre es muy frontal en su continua pelea contra Gran Bretaña para recuperar las Islas Malvinas.

Sin embargo, las continuas acusaciones de deshonestidad y corrupción contribuyeron a la pérdida de popularidad de los Kirchner. Su patrimonio creció siete veces desde la elección de Néstor en el 2003, en parte como resultado de una compra de tierras muy cuestionable en su lugar de residencia en la ciudad de El Calafate. También critican a Cristina por su extravagante estilo de vida que incluye compras compulsivas y cirugías estéticas (aunque Cristina niega haber pasado por el cuchillo).

Siempre a su lado y trabajando incansablemente detrás de bambalinas está Néstor, quien muchos argentinos creen es el poder detrás del trono. Cualquiera sea la realidad, Cristina y Néstor son percibidos como una pareja dinámica y poderosa que ha restaurado algo de la gloria de Argentina, aún frente a las dificultades del momento. Se los conoce en todo el mundo como la "pareja poderosa" de Latinoamérica a semejanza de Bill y Hillary Clinton. Sin embargo, todo se desmoronará en el otoño del 2010 cuando la tragedia impacta a la familia y a la nación.

CAPITULO DOS

Paul Singer crece en un mundo muy alejado del de Néstor y Cristina, pero sus caminos se cruzarán de tal forma que pondrá en peligro al sistema financiero de Argentina con la posibilidad de una caída en picada. Singer nació en 1944 y creció en el apacible suburbio de Tenafly en Nueva Jersey. Uno de tres hijos, su padre farmacéutico trabajaba en Manhattan y su madre era ama de casa. Desde joven, Paul mostró talento para la música y estudió música clásica desde los diez años hasta que descubre el rock y se hace fanático de Led Zeppelin y otros grupos de rock.

Singer se gradúa de psicólogo en la Universidad de Rochester y luego de abogado en la Universidad de Harvard. Trabaja unos años con una firma de abogados que asesora empresas y luego encuentra un trabajo que cambiará el rumbo de su vida. Se une a un banco de inversión, Donaldson, Lufkin y Jenrette. Fundado en 1959 como una firma de análisis en Wall Street, DLJ se convierte en una exitosa firma durante los 70 y especialmente durante la expansión desmesurada de los 80. La firma crece desde sus comienzos como especialista en análisis de inversión a banca de inversión y de capital privado. Compran el portafolio de bonos de alto rendimiento de Drexel Burnham Lambert y contratan al equipo que lo manejaba cuando esta compañía va a la quiebra y comienzan a expandirse en operaciones de banca especializada en financiamiento de productos primarios, banca de inversión y operaciones de inversión inmobiliaria. Muchas de las súper estrellas de la banca de inversión, de inversiones de capital privado y el mundo de los fondos alternativos, ("*hedge funds*"), así como también del sector público, salen de DLJ durante los años de bonanza de Wall Street. Sin lugar a dudas, Singer aprende mucho durante su tiempo en DLJ, especialmente que se puede ganar muchísimo más dinero con su propia firma que siendo explotado por DLJ. Es así como al igual que muchos otros alumnos de DLJ, Singer con treinta y tres años lanza su propia firma, Elliot & Asociados en 1977 con un aporte de familiares y amigos de $1.3 millones de dólares.

Los primeros años de Elliot & Asociados no fueron buenos. Sufrió importantes pérdidas en la bolsa, y quedó tan marcado que aún hoy en día su aversión al riesgo determina su estrategia de inversión. Una reseña de Singer en CNN dice que "raramente utiliza apalancamiento para obtener retornos más jugosos". Desde el principio Singer se focaliza en activos con problemas, comprando la deuda de empresas en bancarrota y forzando el pago en la corte o por medios coercitivos pero legales. Esta táctica le dio el apodo de "fondo buitre" pero le trajo resultados muy exitosos. Desde la fundación de Elliott & Asociados en los 70, la firma ha tenido un rendimiento promedio anual del 14%, sustancialmente más alto que el índice del S&P 500. El fondo de Singer estuvo involucrado en muchas reestructuraciones de empresas, incluida Chrysler y Delphi, proveedor de repuestos de automóviles. Pero se lo conoce mejor por acumular deuda soberana.

Deuda soberana es básicamente bonos u otra deuda que una nación emite para buscar financiamiento. El riesgo de la deuda soberana depende de la estabilidad del gobierno, si es un país desarrollado o en vías de desarrollo, la clasificación del crédito del gobierno y el estado de su moneda. A lo largo de la historia moderna, ha habido un número de países que han declarado el *default* de sus deudas. Hasta los años 50, la mayoría de las naciones gozaban de inmunidad soberana para el recobro de deuda. La doctrina se modificó en los 50 cuando las naciones comenzaron a ser responsables por sus deudas.

Sin embargo, la mayor parte del tiempo, el sistema bancario internacional ha adoptado una posición indulgente con respecto al incumplimiento o *default* de deudas soberanas. Con la ayuda del Fondo Monetario Internacional, la mayoría de las naciones han podido reestructurar sus deudas muchas veces pagando sólo una fracción de lo adeudado a sus acreedores. Este manejo tradicional de la situación se percibía como una manera de preservar la estabilidad internacional del sistema monetario internacional al mismo tiempo que proveía algún tipo de protección a los países más débiles. Los acreedores, en general importantes instituciones bancarias, estaban de acuerdo en aceptar la reestructuración para preservar la estabilidad del sistema y se conformaban con recibir como pago una parte de la deuda. Esto hasta que apareció en escena Paul Singer.

A mediados de los 90, Singer comenzó a comprar de los acreedores deuda soberana a un precio descontado especulando que podría forzar a la nación deudora a pagar toda la deuda o por lo menos una porción significativa. Su estrategia era cobrar el dinero a través de las cortes de Estados Unidos y hacer cumplir la ley contra el país deudor. En 1996 Singer compra la deuda vencida e impaga del gobierno de Perú por $11.4 millones de dólares, a una fracción se su valor, y luego le hizo juicio al gobierno de Perú en una corte de los Estados Unidos. La corte falló en contra de Singer bajo la ley de Nueva York basándose en una ley medieval – "champerty" – que prohibía la compra de deuda con el sólo propósito de hacerle juicio al deudor.

Sin embargo, el fallo del caso de Perú se revirtió en una corte de apelaciones en el año 2000 y Singer recibió $58 millones de dólares por el juicio. Fue uno de los casos más importantes en el área de deuda soberana y abrió la puerta para la compra, y lo que es más importante, el cobro de deuda soberana. En términos reales, Singer sufrió varios obstáculos para cobrar la deuda de varios bancos y agentes de Perú, pero peleó en las cortes de Estados Unidos y del extranjero y eventualmente forzó al Perú a pagar su deuda.

Singer y Elliott & Asociados comienzan a comprar deuda soberana y en el mercado se los empieza a conocer como "fondos buitre", invocando el simbolismo de los buitres, picoteando a las carcasas de los países deudores y forzándolos a pagar sus deudas usando el sistema judicial, aún cuando la gente del país deudor tuviera que sufrir las consecuencias. Los críticos de Singer argumentaron durante años que su estrategia es inmoral aún cuando técnicamente es legal. Singer se convirtió en "el inventor de los fondos buitre" y fue muy criticado en los círculos internacionales por tomar dinero de países pobres que podrían haberlos utilizado en escuelas, caminos, asistencia médica y reducción de pobreza. La respuesta de Singer siempre fue que él es un tenedor de bonos tratando de cobrar legalmente la deuda.

Singer y Elliott & Asociados pasaron desapercibidos por un largo rato, pero su incansable búsqueda de deuda soberana y su activismo político levantaron su perfil significativamente. En los últimos años Singer surge como una fuerza poderosa y al mismo tiempo discreta dentro del Partido Republicano. El era tal vez el principal atractivo en la campaña presidencial de Romney en el 2012, convocando a un importante número de donantes ricos. En los últimos años, Singer ha donado $2 millones de dólares al Partido Republicano en elecciones locales en Florida, Michigan, California y Texas.

Pero la gran influencia de Singer no esta dada sólo por su capacidad de captar enormes donaciones. Es también un líder intelectual para la clase de donantes elitistas, que trabaja con tenacidad para revertir leyes y se opone a impuestos más altos para los ricos. En sus cartas a los inversores, Singer ha advertido sobre "la pobreza colectiva y la degradación de la libertad", a menos que Estados Unidos abandone su curso actual. Ofrece discursos con frecuencia en eventos patrocinados por el sector financiero y también es parte de un centro de estudio de extrema derecha. Singer se distancia de la postura de la mayoría de los conservadores con su apoyo a los derechos de los homosexuales. Ha donado más de $8 millones a organizaciones sin fines de lucro que apoyan los derechos de los homosexuales y financió la iniciativa de igualdad de derechos en el estado de Nueva York. Uno de sus hijos, Andrés, es homosexual y se casó en Massachusetts.

Singer ha estado batallando agencias gubernamentales y reguladores por muchísimo tiempo. Se opone a las regulaciones bancarias de la ley Dodd-Frank, argumentando que ponen en un pedestal a los bancos demasiado grandes para quebrar. Es agresivo en la corte y con reguladores del gobierno y del sector financiero. Cuando la Autoridad Reguladora del sector financiero intentó resolver las demandas en el caso de la quiebra de Lehman Brothers, Singer y Elliott & Asociados, que habían comprado una cantidad significativa de deuda de Lehman por a penas 8 centavos de dólar, fueron inflexibles en sus demandas. El principal abogado de Lehman, Harvey Miller, dijo de Elliott "son duros, muy agresivos y muchas veces inflexibles. Se mantienen en su posición y dicen 'es así por que nosotros lo decimos'". Elliott se retiró del acuerdo con Lehman con una ganancia substancial.

Singer y Elliott insisten que ellos sólo persiguen "a los malos". Pero queda claro que el fondo elige con cuidado sus objetivos. Sólo elige aquellos que tienen capacidad de pago. Elliott Management compró $32.6 millones de dólares de deuda de la República de Congo, pagando supuestamente tan sólo $2.3 millones de dólares. Hizo juicio en la corte inglesa y logró que le pagaran más de $100 millones de dólares, incluyendo penalidades e intereses. Como parte de su campaña para cobrar la deuda, Elliott expuso la corrupción del gobierno del Congo. Eventualmente, el gobierno pagó $90 millones de dólares. Observadores del FMI y el ex Secretario del Tesoro de Estados Unidos, Hank Paulson, criticaron duramente la práctica de obtener ganancias tan grandes de países pobres que no cumplen con el pago de su deuda.

Durante treinta y cinco años Paul Singer y Elliott & Asociados han logrado márgenes altísimos con la estrategia de comprar "activos con problemas" para después exigir el pago de los países deudores. Singer se burla del apodo de "fondos buitres", pero en realidad ha sido difamado por su conducta. Cuando regresa del mundial de fútbol a fines de julio del 2014 disfruta de considerable poder en los círculos financieros y políticos. Pero en menos de tres semanas está a punto de enfrentar un momento decisivo en una corte federal en Nueva York. Eligió una pelea con un tremendo adversario – "la reina Cristina" de Argentina – y nadie podía predecir quien saldría ganador.

CAPITULO TRES

A finales de octubre del 2010, Néstor y Cristina Kirchner están disfrutando de un respiro de las presiones de la presidencia en su casa de El Calafate en la región remota de la Patagonia. El Calafate ha sido el refugio de la pareja desde la época en que se escaparon de la devastadora "guerra sucia" contra los sectores de izquierda en los años 70 y 80 en la Argentina. Ese año, Néstor había tenido problemas de salud y le habían hecho una operación de bypass en el corazón para destaparle arterias bloqueadas. Su doctor le había recomendado un período largo de descanso, pero sus fuerzas estaban volviendo y se dice que había planes para que Néstor se presentara como candidato a presidente y así reemplazar a su esposa que había sufrido considerablemente bajo la presión en el ejercicio de su mandato.

Sin embargo, todo cambió la noche del 26 de octubre, cuando Néstor comienza a tener síntomas similares a la gripe. Su condición empeora en las primeras horas de la mañana del 27 de octubre cuando se desmaya y lo trasladan de urgencia al hospital más cercano. A las 9.15 de la mañana Néstor Kirchner fallece. La causa de muerte – paro cardíaco. Nada había preparado a la familia Kirchner o a la nación argentina para la muerte repentina de Néstor. A pesar de sus problemas de corazón, no había ningún indicio de que su vida estuviera en peligro.

El sentimiento de tristeza del pueblo argentino fue avasallante. Cientos de miles de argentinos desfilaron frente al féretro de Néstor en un funeral de cuerpo presente en el palacio presidencial, la Casa Rosada. Todos los jefes de gobierno de América Latina estuvieron presentes, incluidos Evo Morales de Bolivia, Lula da Silva de Brasil y Hugo Chávez de Venezuela quien se mantuvo constantemente al lado de Cristina y participó también de un servicio fúnebre privado con la familia. Miles de deudos ocuparon las calles y políticos de todos los sectores compartieron la pérdida de un hombre que había rescatado a la Argentina de una crisis económica muy seria.

Para Cristina la pérdida de su marido fue devastadora, tanto personalmente como políticamente. Durante más de tres años después de su muerte ella lució un luto riguroso en sus apariciones públicas. Mientras algunos criticaron sus motivos sugiriendo que lo hacía para ganar la compasión del pueblo argentino, no cabe duda que su dolor era genuino. Perdió su compañero romántico y político y tendría que pelear arduamente para recuperarse. Sus presidencias, para muchos argentinos, eran un símbolo no sólo de una asociación política muy fuerte sino también del poder del amor romántico en un mundo turbulento. Su muerte repentina resonaría durante años tanto en la presidencia de Cristina como así también en el destino de la Nación Argentina.

Como esposa política y presidente de la nación, Cristina entendió lo que debía hacer. Volvió a sus obligaciones públicas participando de la reunión del G20 en Seúl y reanudó las conversaciones por la reestructuración de la deuda externa de Argentina. Con las elecciones del 2011 tan cerca, toma varias posturas agresivas, que incluyen una serie de muy publicitados desacuerdos con Brasil sobre cuotas comerciales, así como también la disputa continua con Gran Bretaña por el reclamo de las islas Malvinas. Declara su candidatura para un segundo término en junio y es reelegida en octubre con el 54% de los votos.

Después de ganar las elecciones cómodamente y de obtener el control de ambas cámaras en el Congreso, Cristina comienza un programa de reforma fiscal que incluye aumentos de impuestos, topes en los aumentos salariales, medidas de proteccionismo comercial y la reorganización de empresas estatales. El sindicalista más importante del país, simpatizante desde los comienzos de los Kirchner, comienza a oponerse a Cristina y sus iniciativas. Un año después de comenzado su segundo mandato su popularidad se desvanece, en parte, debido a los controles de cambio de la moneda que llevan a un desenfrenado mercado negro de divisas como así también a una serie de escándalos políticos que sacuden su gobierno. Para el final del 2012 miles de ciudadanos marchan en las calles para protestar contra el gobierno de Cristina.

Mientras su popularidad se desploma, el estilo personal de Cristina entra en un período de renovada crítica. Alguna vez la habían proclamado como la "nueva Evita" pero ahora su estilo sofisticado se convierte en una desventaja. En un país donde el turismo médico para cirugías plásticas esta en auge, y donde uno de cada treinta argentinos se hace la cirugía plástica, Cristina comienza a ser criticada por sus estiramientos en la cara (que ella niega haber tenido) y por sus tratamientos de bótox que le aseguran el apodo de la "reina del bótox", sin mencionar su ropa elegante. En un incidente muy publicitado en el 2011, aparentemente gastó $110.000 dólares en 20 pares de zapatos Christian Louboutin en París después de reunirse con el presidente Nicolas Sarkozy. También se la acusó de gastar $20.000 dólares para que le hicieran llegar por avión los diarios a su casa de veraneo.

Pero hablando con más seriedad, ella y Néstor enfrentan cargos por la malversación de fondos públicos en la Patagonia. Con tantos departamentos, casas, negocios y hoteles bajo su nombre, la riqueza de los Kirchner se establece en casi $20 millones de dólares, casi todo conectado con propiedades en El Calafate. El Calafate es una ciudad pequeña cuya principal industria es el turismo producto del glaciar y de la vida silvestre. Más de tres mil residentes locales entablaron demandas por pequeños terrenos después de que los Kirchner hicieran construir un aeropuerto ahí en el año 2000. A muchos de ellos se les negaron los permisos mientras que los Kirchner y otros funcionarios del gobierno aparecieron al principio de la lista. En un caso altamente publicitado, los Kirchner compraron terrenos por $50.000 dólares que dos años después vendieron por $2.4 millones de dólares.

Defensores de Cristina argumentan que el periodismo argentino la tiene injustamente en la mira y ella siempre ha mantenido una relación combativa con la prensa. Aseguran que es el chivo expiatorio de una sociedad machista, especialmente por su defensa por los derechos al casamiento entre gente del mismo sexo. A principios del 2013 algunos de sus críticos cuestionan su estado de salud mental después de que ella rompiera a llorar cuando daba un discurso sobre la guerra sucia y los "desaparecidos". Wikileaks hizo público un cable del 2010 donde la entonces Secretaria de Estado Hilary Clinton cuestionaba también la salud mental de Cristina.

En octubre del 2013, Cristina comienza a sentir debilidad y entumecimiento en un brazo. Después de un examen médico, los doctores descubren un pequeño coágulo en el cerebro causado probablemente por una anterior herida en la cabeza. La operan para quitarle el coágulo y le prescriben treinta días de reposo en la cama. Aunque se esperaba que se recuperara totalmente, el momento de la cirugía no puede ser peor para el público argentino y la clase política en el medio de las elecciones legislativas. Para mediados de diciembre del 2013 todavía no había aparecido en público y nunca respondió a una serie de crisis energéticas y de falta de agua en el país. Para muchos en la Argentina, parecía que el reinado de los Kirchner había terminado.

CAPITULO CUATRO

Unas semanas después de la apabullante derrota en la final de la Copa del Mundo, se inician intensas negociaciones en las oficinas de Daniel Pollack en Park Avenue, el mediador elegido por el juez de la corte federal para presidir en las negociaciones de último momento entre el gobierno de la Argentina y los fondos alternativos - *hedge funds* – principalmente la firma de Singer, Elliott & Asociados - quienes estaban esperando una mejor compensación por sus inversiones valoradas en miles de millones de dólares en bonos de Argentina.

El origen de esta disputa, que ya lleva más de una década, comienza cuando Singer empieza a acumular deuda Argentina en los años 90. Sus inversiones totalizaban bonos por un valor de $630 millones de dólares, en su mayoría comprados por centavos de dólar. Después del *default* en el 2002, Singer rechazó el ofrecimiento que el gobierno hizo a los tenedores de bonos de 30 centavos por dólar, aún cuando la mayoría de los inversores aceptaron de mala gana. A pesar que el gobierno de Argentina mejora la oferta, en un esfuerzo para resolver el tema de la deuda, Singer no acepta.

Después, durante años, Singer persiguió a la Argentina en las cortes judiciales del mundo sin ningún éxito. En los Estados Unidos, la Reserva Federal de Nueva York rechaza el pedido de liberar los depósitos del banco central a Singer y el Departamento del Tesoro apoya la decisión de la Reserva Federal. Singer también apela a la Corte de Gana para tratar de tomar la fragata que está en el puerto de Tema. La corte ordena la captura de la nave pero más tarde la liberan. Sin embargo, Singer y sus aliados consiguen un importante logro en la eterna disputa cuando van a la corte del distrito federal de Manhattan.

El juez que preside en la causa es Thomas Griesa de 83 años, nombrado a la Corte Federal en 1972 por el presidente Nixon. Graduado de Harvard y de la escuela de leyes de Stanford, fue primero socio en una firma de Wall Street. Catalogado por sus empleados como cariñoso y generoso, Griesa toca el clavicín en sus ratos libres y almuerza todos los días lo mismo en el escritorio de su oficina. Griesa algunas veces parece tener poca paciencia cuando está en la corte, y ocasionalmente ha sido criticado por no estar al tanto del impacto de sus fallos. Sin embargo, cuando presidió sobre la reestructuración de la deuda de Argentina en el 2005, el entonces presidente Néstor Kirchner dijo que su país estaba muy satisfecho después de que la corte de apelación ratificara la decisión de Griesa que permitía continuar con el proceso de reestructuración. Así que nadie esperaba la explosiva decisión que saldría de la sala del juzgado de Griesa.

Basándose en un olvidado texto estándar en el acuerdo de los bonos argentinos, el juez Griesa se basa en la antigua doctrina de *pari passu* la cual dice en esencia que un prestatario tiene que tratar a todos los prestamistas de igual manera. En otras palabras, el deudor no puede pagarle a Pedro y no pagarle a Pablo. En su fallo, Griesa se basa en esta doctrina para decir que Argentina no puede repagar a los tenedores de bonos que aceptaron un acuerdo y al mismo tiempo negar el pago a Singer y los otros *holdouts*. De un sólo plumazo Griesa barre más de una década de esfuerzos de Argentina para resolver sus problemas de deudas, sin mencionar siglos de precedentes legales. Finalmente Singer tiene en sus manos el arma que necesita para cobrar los bonos de Argentina.

El fallo desata inmediatamente una tormenta entre los eruditos legales, la comunidad financiera y una diversidad de países en desarrollo que sólo ven un futuro de bancarrota y pobreza eterna. ¿Cómo pueden saldar sus deudas si los acreedores pretenden un repago completo? ¿Es esto una conspiración de los Estados Unidos para condenar a la naciones más pobres a un futuro sombrío? La administración de Obama respondió inmediatamente diciendo que la decisión del juez Griesa era "inadmisiblemente amplia", argumentando que podía seriamente debilitar la relación de Estados Unidos con otros países. El FMI y otros organismos internacionales se unieron al coro diciendo que podría afectar su misión de reducir la carga de la deuda externa de los países en vía de desarrollo. El premio Nobel de economía, Joseph Stiglitz , escribió "hay un montón de bombas que se tiran en el mundo y esto equivale a Estados Unidos tirando una bomba en el sistema económico global. No sabemos cuán grande va a ser la explosión – y no es sólo Argentina".

A pesar de las protestas, la corte de apelación mantuvo el fallo de Griesa y la Corte Suprema de Justicia rechaza la apelación de Argentina. En audiencias posteriores, después del explosivo fallo, fue evidente que el juez no se da cuenta de las ramificaciones o el alcance de su decisión. Por ejemplo, se dijo que no sabía a que tipo de bonos afectaba su decisión. "Puede ser que no haya cubierto cosas que deberían estar cubiertas", dijo el juez en la corte cuando expidió una aclaración. En todo caso, el fallo se mantiene y Griesa se convirtió en motivo de burla no sólo en Argentina pero en las naciones pobres del mundo.

Por su parte, Singer ha mantenido un perfil muy bajo tras la decisión y dice estar perplejo ante la atención que ha provocado el caso. De acuerdo a sus colegas en el mundo de los *hedge funds*, Singer se ve a sí mismo como un simple defensor de los derechos de los acreedores y por último, de la ley. En el pasado argumentó que su lucha es beneficiosa en el largo plazo para los países deudores. "Imaginen cuánto capital un país como Argentina puede atraer", escribió en un artículo en el 2005, "si en lugar de dejar de pagar la deuda y aparentar indignación contra los acreedores, pidiera prestado responsablemente y cumpliera sus obligaciones".

En una carta a los inversores de Elliott & Asociados en el 2014, Singer acribilla a la prensa por la atención que el caso ha generado. "Elliott & Asociados no buscan publicidad. Obviamente nuestras vidas serían más fáciles si la prensa se ocupara menos de este tema en particular". Sosteniendo que su estrategia de inversión no es para gente adversa al riesgo, Singer continúa diciendo "Como hemos dicho, una de las razones por las que continuamos viendo oportunidades atractivas, aún en este contexto de ansiedad por rendimientos, es que las operaciones son complejas, requieren mucho trabajo y que no son para todo el mundo.

Singer también escribió que no le gusta ir a la corte constantemente para cobrar sus deudas y dice que los juicios son "inciertos, caros, difíciles y que consumen mucho tiempo." Pero Singer también admite que la publicidad que provoca el caso de Argentina atrae invariablemente a la prensa. "Mientras que muchos periodistas y comentadores mal interpretan las intenciones de Elliott, nosotros sabemos que esta publicidad es el costo ocasional por seguir nuestra filosofía, que es buscar posiciones sin correlación donde el factor determinante es descubrir el valor de nuestra creatividad y esfuerzo."

A pesar de la posición idealista de Singer, era claro que Argentina no tenía ningún deseo de pagar sus deudas ya que consideraba que era una extorsión de un fondo "buitre". El juez Griesa estableció como fecha límite para resolver el caso el 30 de julio. Mientras se acercaba la fecha sin ninguna resolución a la vista, un nuevo participante entra en escena – el arma secreta de Argentina contra el *default*. Atractivo, joven y ambicioso este protagonista cambiará el tono de las negociaciones a una producción teatral raramente vista en el escena internacional.

CAPITULO CINCO

A finales de junio del 2014, mientras se negociaba el acuerdo en Manhattan entre Argentina y sus acreedores, Axel Kicillof, el joven ministro de economía de Argentina con aspecto de estrella de cine y credenciales académicas impactantes, se sube a un jet con destino a Nueva York aparentemente para dirigirse ante el Grupo de 77 naciones en vías de desarrollo en las Naciones Unidas. Sin embargo, se especulaba que el poderoso Kicillof podría intervenir en las negociaciones que estaban en un punto muerto.

En pocos años, Kicillof, un oscuro profesor Marxista, se había convertido en la persona más poderosa de la Argentina, más poderosa aún que la presidente misma. Algunos observadores lo han catalogado como el ministro de economía más poderoso de la última década, comparándolo con Néstor Kirchner en la cumbre de su poder. "Es confrontacional, extrovertido, seguro de sí mismo y muchas veces arrogante," escribió Ezequiel Burgo en una biografía de Kicillof, "lo cual lo hace resaltar aún más en un momento como este."

Los padres de Kicillof son gente de clase media. Su padre era psiquiatra y se suicidó cuando él tenía veintidós años y su madre es una psicóloga reconocida. Cuando era estudiante en la Universidad de

Buenos Aires, Kicillof fue líder de la organización estudiantil de izquierda y luego fue profesor de la misma institución. Sus escritos interpretan los trabajos de Keynes y Adam Smith desde una perspectiva Marxista y ha argumentado que el estado debe tener un mayor control de la economía en tiempos de crisis financiera. Fue nombrado viceministro de economía en el 2012 y dirigió la nacionalización de YPF, la empresa de petróleo de Argentina. Kirchner lo promueve a ministro de economía en noviembre del 2013.

Kicillof lleva un estilo de vida modesto – maneja su viejo Renault, renuncia a sus guardaespaldas y vive sobriamente con su esposa, una profesora de literatura y sus dos hijos. Pero siendo buen mozo, con una personalidad extravagante y con imagen de rocanrolero se convirtió en el favorito de las revistas de celebridades. Los fotógrafos y paparazzi lo persiguen constantemente y es común que esté rodeado en público tanto de admiradores como de opositores. También se lo conoce por su obsesión con los números, pidiendo hojas de cálculo a las empresas petroleras y otras firmas industriales importantes. También se ha convertido en un trotamundos recorriendo el globo en su esfuerzo por llegar a un acuerdo por la vasta deuda de Argentina. Sus críticos abogan que el tema lo ha superado. Héctor Zumarraga, abogado laborista, dijo "no está capacitado para este trabajo. No entiende que no es suficiente con sólo saber de teoría económica, y ahora lo estamos comprobando."

En un discurso provocativo que dio ante el Grupo de los 77 en las Naciones Unidas, Kicillof dijo que la decisión de Griesa causaría la caída en picada de la economía argentina. Dijo que si Argentina cumpliera con el fallo, otros bonistas que no eran parte del acuerdo inicial, inmediatamente establecerían demandas judiciales que agregarían otros $15 mil millones de dólares a los pagos de deuda que el país ya tiene. Eventualmente los acreedores que aceptaron el canje también podrían demandar otros $120 mil millones de dólares con los mismos términos. Para los países en vías de desarrollo, el mensaje era claro. Todos serían víctimas de los fondos buitre si se permite seguir adelante con la decisión del juez, y ellos deciden apelar al fallo.

Tanto la prensa como el mundo financiero especulaban que después de su discurso ante las Naciones Unidas, Kicillof se uniría a las discusiones en Nueva York y reactivaría las negociaciones que habían alcanzado un punto muerto. Pero con una maniobra calculada, sorprendió al mundo subiéndose a un avión y regresando a Buenos Aires desairando a los acreedores. Elliott & Asociados emitió un comunicado en la prensa financiera diciendo "el gobierno de Argentina está decidido a entrar en *default*. Nosotros confiamos en que no elijan este callejón sin salida."

Con las eternas negociaciones en Nueva York para lograr un acuerdo, sin fin a la vista y una extensión en la fecha hasta el 30 de julio, Argentina comienza a sufrir serias consecuencias financieras. Cuando el 30 de julio llega sin ningún tipo de arreglo, los titulares de los periódicos de todo el mundo estallan con el anuncio de que Argentina había entrado en *default*. En un solo día la bolsa en la Argentina cae 8% y sus reservas internacionales caían peligrosamente. La inflación, que ya había alcanzado al 15% en los primeros seis meses del 2014, continuaba siendo una seria amenaza. A pesar que la posición oficial del gobierno de Argentina mantenía que era "absurdo" decir que Argentina estaba en *default*, la verdad es que los mercados internacionales estaban convencidos de que el país iba en esa dirección y con gran rapidez.

CAPITULO SEIS

A principios de agosto, la Argentina presenta un reclamo ante la Corte Internacional de Justicia de La Haya con la esperanza de poder revertir la decisión de la corte federal de Estados Unidos que los había llevado al *default* a fines de julio. A pesar de que Argentina empieza el proceso, las posibilidades de éxito en La Haya eran muy difíciles. En principio, los Estados Unidos tenían que reconocer la jurisdicción de la Corte Internacional, cosa que sólo había sucedido un puñado de veces en los últimos setenta años.

La última solución práctica para la Argentina era encontrar una solución diplomática para resolver la crisis. Luis Moreno Ocampo, ex fiscal principal de la Corte Criminal Internacional dijo en una entrevista con el *The Wall Street Journal*, "Argentina está buscando una solución sabiendo que no hay manera de legalmente apelar al fallo de Griesa, aunque lo considere injusto". Ahora que el enfoque se traslada del frente legal al frente diplomático y político, comienza un intenso debate sobre la habilidad, o la falta de la misma, para tratar temas de *default* de deuda soberana en el sistema internacional.

Argentina no era el único país enfrentando *default*. Tanto Granada como la República del Congo estaban en *default*. La agencia de exportación de Taiwán le hizo juicio a Granada en el 2013 por deudas que se volvieron imposibles de repagar después de los huracanes del 2004 y 2005 que devastaron al país. Inversores de Estados Unidos le hicieron juicio a la República del Congo por $69 millones de dólares - $50 millones de los cuales eran intereses y penalidades. Cuando una corte del distrito de Nueva York falló en contra del Congo, el gobierno apeló argumentando que los gobiernos africanos estaban en desventaja por la limitada capacidad de los propios gobiernos y la mala representación legal que habían tenido al momento de preparar los contratos para la emisión de bonos.

A simple vista, los argumentos de ambas partes son razonables. Paul Singer y sus defensores argumentan que Argentina tiene una deuda ejecutable legalmente y por ello debe pagar. Además, sería injusto que Argentina pague a los acreedores que llegaron a un acuerdo y no pague a aquellos que rechazaron dicho acuerdo. Singer apela al sentido común – pidieron un préstamo y ahora deben repagarlo.

Por el otro lado, Argentina y otros críticos del fallo del juez Griesa argumentan que debería existir un mecanismo por el cual los países pudieran llegar a un acuerdo para pagar sus deudas sin entrar en *default*, dado que no solo afecta a los ciudadanos del país, sino también a todo el sistema monetario internacional. Utilizando como ejemplo la ley de bancarrota americana, sostienen que un individuo que no puede pagar sus deudas puede declararse en bancarrota y puede reorganizar sus deudas ordenadamente. ¿Por qué los países tienen que ser tratados en forma diferente, condenados al equivalente de una prisión para insolventes de deuda soberana?

Existen partidarios apasionados y muy articulados en ambos lados del debate. Jonathan Macy de la escuela de negocios de la Universidad de Yale escribió en el *The New York Times,* "Sí es justo pedir que Argentina elija entre entrar en *default* y pagar a algunos de sus acreedores toda la deuda. La definición de *default* es el incumplimiento de una obligación por parte de una de las partes cuando se tiene un contrato válido. No todos los contratos son justos, pero si no hay fraude y si las partes que participan en esos contratos son capaces de entender las obligaciones a las que se están comprometiendo, entonces esos contratos son válidos. "

La otra postura del argumento sostiene que es injusto penalizar a toda una nación por los errores de sus líderes, que muchas veces ni siquiera son elegidos por su gente. Ellen Appelbaum del Centro para el Análisis de Economía y Política escribió "No es justo para el gobierno de Argentina, que no puede pagar a los fondos buitre, también tener que enfrentar las demandas de los otros acreedores que exigen el pago completo; una movida que llevaría al país a enfrentar la posibilidad de pagos de miles de millones de dólares en reclamos que son imposibles de pagar. Además, no es justo que en el futuro decenas y tal vez cientos de millones de personas sufran las consecuencias de crisis de deuda soberana."

Tal vez el debate más incisivo no sea sobre el futuro de cada país, sino del sistema internacional para llegar a acuerdos de deuda soberana. El premio Nobel de economía Joseph Stiglitz fue severo en su critica a los fondos buitre y también al sistema internacional en su artículo en el *New York Times*, "Los fondos buitre – el pequeño número de acreedores que no participaron de la reestructuración de deuda argentina – no tienen ningún interés en el país o su gente." Escribió Stiglitz. "Compran bonos por poco dinero y esperan que gastando lo suficiente en juicios, eventualmente encuentren un juez que no entienda el tema que se está discutiendo y falle en su favor. Todos los inversores en bonos soberanos saben que existe el riesgo de *default* – por eso esos bonos pagan un interés más alto que los bonos de Estados Unidos. Todos los que compran bonos después que un país anuncia una reestructuración saben casi con certeza que no van a cobrar la totalidad sin manipular el sistema legal."

Existe la preocupación que el fallo del juez Griesa pueda afectar al sistema monetario internacional, pero algunos observadores creen que es una exageración. Gabriel Sterne, encargado de los servicios para inversores de Oxford Economics y ex economista del FMI, cree que la Argentina es un caso especial. "Argentina es una anomalía," escribe Sterne. "Sería incorrecto pensar que el caso de Argentina tiene mucho impacto en la crisis de la deuda soberana de países."

Stiglitz escribió que a pesar que los fondos buitre argumentan que luchan para que se cumpla la ley, en realidad están socavando la ley al ignorar los precedentes establecidos. Stiglitz cita una propuesta del FMI para un sistema global de pago de deuda, avalado por las Naciones Unidas que posteriormente fue vetado por los Estados Unidos. La corte de Estados Unidos, agrega, ha empeorado las cosas. "Al transferir dinero de la Argentina – donde el ingreso per capita es de $14.800 dólares – a algunos multimillonarios, crea mayor inequidad," escribe Stiglitz. "Pero esto no es solamente una cuestión de justicia. Los fondos buitre han causado un daño enorme al mercado mundial de deuda soberana y a aquellos países cuyo bienestar depende de esos mercados, especialmente en los mercados emergentes y los países en vías de desarrollo."

Mientras el debate sobre el impacto de la decisión de Griesa se propagaba por los círculos académicos y financieros internacionales, el impacto verdadero se estaba sintiendo en el mundo. Las naciones deudoras entraron en pánico por un futuro incierto y los acreedores empezaron a considerar sus opciones para cobrar sus deudas. Al mismo tiempo las organizaciones financieras internacionales empezaron a contemplar qué hacer en la era post Griesa. ¿Necesita el sistema financiero mundial aprobar nuevas regulaciones ahora que el acuerdo tradicional para la reestructuración de deuda entre "caballeros" se anuló colectivamente? ¿Se convertirán los mercados de crédito internacional en algo tan caótico como la versión del "salvaje oeste americano?"

CAPITULO SIETE

Después de agotar la mayoría de los recursos legales tras el fallo de Griesa, la batalla entre Paul Singer and Cristina Kirchner pasó al terreno político. Un día después de la trágica decisión del juez Griesa, Kirchner habló al pueblo argentino ante cadena nacional de televisión. "Este veredicto es contrario no sólo a los intereses de la Argentina, sino también al 92% de los acreedores que creyeron en el país y en la reestructuración de su deuda y también va en contra del funcionamiento de la economía mundial y el sistema financiero," dijo Kirchner. "Es la validación de un modelo económico a nivel mundial, una forma de dominio global basado en especulación para los que se dedican al negocio de títulos de deuda y derivados, con el propósito de poner al país y sus habitantes de rodillas. Sólo necesitan que los gobiernos cedan ante la presión de este poder financiero."

Después de anunciar su decisión de pelear el fallo de Griesa, Kirchner introdujo una ley en el Congreso para cambiar a Nueva York por Buenos Aires como lugar de pago para los acreedores y de esta forma evitar el fallo del juez. Sin embargo, el juez Griesa declaró la movida ilegal y que no se podía evadir su fallo. Además, la creciente oposición al borrador de la ley en el Congreso argentino disminuía las posibilidades de que fuera aprobada.

Sin lugar a dudas, en Argentina, la crisis de la deuda se ha convertido en un tema explosivo en una cultura política explosiva. Con la limitación de Kirchner a sólo dos términos de mandato – su segundo mandato finaliza en el 2015 – los contendientes políticos están al acecho. Ya surgieron dos candidatos poderosos para sucederla, ambos intentan distanciarse de la posición agresiva y terca de Kirchner en contra de los bonistas, que muchos en Argentina asocian con su posición marxista extrema.

Al mismo tiempo, Kirchner trata de vender la imagen de que Argentina es la víctima de un capitalismo mercenario encabezado por la figura de Paul Singer como símbolo de los fondos buitre. Ella utiliza el fuerte sentimiento nacionalista de la cultura argentina para movilizar al pueblo en contra del "imperialismo" de Wall Street y su capitalismo desenfrenado. Surgieron protestas en toda la Argentina contra las políticas económicas de Estados Unidos, y la Argentina ha publicado páginas enteras de avisos clasificados en los principales diarios, incluido el *The New York Times, The Wall Street Journal* y *The Financial Times* condenando la decisión y su impacto, no sólo en la Argentina sino también en las naciones en vías de desarrollo del mundo.

Mientras Kirchner pelea agresivamente contra la decisión de Griesa, la respuesta de Paul Singer ha sido criticar a la Argentina por lo que él considera una posición irresponsable. El grupo de presión política que apoya a Singer llamado American Task Force Argentina, ha encabezado el ataque contra el país a través de una página en internet , "factcheckargentina.org", donde publica casi diariamente ataques contra la política de Argentina. Además, han aparecido anuncios en *The Wall Street Journal* y otras publicaciones atacando Argentina por no obedecer la decisión de Griesa y pagar totalmente su deuda.

Kirchner pidió asistencia a la Casa Blanca por la decisión de Griesa argumentando que el Presidente Obama, utilizando su prerrogativa para conducir política exterior, podría simplemente condonar el fallo declarándolo inconstitucional. Es casi imposible que la Casa Blanca intervenga. Si bien la administración de Obama criticó la decisión, no parece estar interesada en tomar el riesgo político de apoyar a un gobierno extranjero en favor de un grupo de acreedores americanos, especialmente uno liderado por un donante republicano tan poderoso como Paul Singer.

Mientras tanto la comunidad financiera internacional se ha movido rápidamente para prevenir que ocurran futuros debacles como el de la crisis de deuda de la Argentina. El grupo de bancos e inversores llamado

International Capital Market Association, rápidamente adoptó nuevos estándares para restringir la posibilidad de que fondos buitre y *holdouts*, afecten la reestructuración de deuda. Las nuevas reglas van a requerir que todos los tenedores de bonos estén legalmente obligados a lo que el 75% o más de los acreedores aprueben. "El impacto negativo global que provoca la cesación de pagos y la consecuente reestructuración de deuda de Argentina, muestra la necesidad de que los términos de los contratos de bonos soberanos sean claros y sin ambigüedades," dice Leland Goss, consejero general de ICMA.

Mientras la comunidad internacional parece estar lista para dejar de hablar de la crisis de la deuda de Argentina, la batalla titánica entre Kirchner y Singer continúa. Muchas figuras prominentes, tanto políticos como economistas, aconsejaron a Kirchner terminar la pelea y repagar la deuda; incluyendo figuras públicas como Domingo Cavallo, el arquitecto del primer acuerdo de refinanciación de la deuda argentina en el 2001 y economista de renombre mundial. "Argentina debería cumplir con la decisión del juez Griesa," dijo Cavallo recientemente en una conferencia.

Cavallo ha sido un crítico acérrimo del manejo que Kirchner tuvo de la crisis, diciendo que fue un desastre. "Ella quiere culpar a los buitres de lo que está sucediendo ahora," dijo, sosteniendo que la crisis de la deuda es parte de una crisis económica más profunda que está afectando a todo el país. Cavallo afirma que si un nuevo gobierno pudiera estabilizar la economía, entonces miles de millones de dólares de capital que salieron del país podrían regresar. Con estas mejores condiciones económicas, el gobierno podría pagar a los buitres. Sin embargo, es imposible que Kirchner siga este consejo dado que ella ha apostado toda su carrera política a vencer a Singer y los buitres.

¿Quién ganará finalmente esta épica batalla entre los buitres y la reina? Probablemente ninguno. Aún si ella lograra combatir a Singer, la popularidad de la reina Cristina seguramente igual caería. Si bien antes la consideraban como la "nueva Evita", Kirchner pasará a la historia como la primer presidente que manejó mal la crisis de la deuda y llevó al país al borde de la ruina.

A Paul Singer, el buitre, no le va a ir mucho mejor. Aún si cobra la mayor parte de la deuda Argentina que ha tratado por décadas de cobrar, el costo será mucho más alto. Se ha ganado permanentemente la reputación de "inventor de los fondos buitre" y de inversor codicioso que puso a la Argentina – junto con otros países en vías de desarrollo – de rodillas. Además es probable que este incidente lo convierta en elemento indeseable dentro del ámbito político donde ejercía mucha influencia.

Tal vez , y lo más importante, es que la estrategia de toda la vida de Singer de comprar deuda soberana a precios regalados y despúes cobrarla por medios legales, se ha terminado. Con la adopción de nuevas regulaciones para tratar deuda soberana por parte de las instituciones financieras internacionales, los tecnicismos que Singer explotaba para su beneficio ya no existen más. Y todas las instituciones que tengan deuda soberana – bancos u otras entidades financieras – tendrán menos motivación para vender esa deuda a Singer o a cualquier otro fondo buitre, dado que ahora son considerados como criminales dentro la comunidad financiera internacional. Si los inversores en la firma de Singer, que en el pasado gozaron de los beneficios de esta estrategia, seguirán fieles a él, es otro tema.

A pesar de que tanto los buitres como la reina son claros perdedores en esta batalla por la deuda argentina, no existe ningún motivo para apenarse por Paul Singer o Cristina Kirchner. Singer probablemente sume millones a su ya abultada cuenta bancaria y Kirchner seguramente terminará su mandato para luego retirarse a vivir una vida confortable y llena de lujos con los ahorros que tanto ella como su marido lograron acumular durante su paso por el gobierno.

Sin embargo, millones de argentinos junto con millones de otras personas en países en vía de desarrollo no tendrán esa misma suerte.

Todo, desde los precios en el supermercado hasta los fondos de jubilación sufrirán el impacto del conflicto entre los buitres y la reina. Argentina ya sufre un alto índice de inflación y de desempleo. Sin acceso al mercado de crédito internacional, el futuro es desalentador. Argentina probablemente sufra durante décadas las consecuencias del *default*.

En cuanto al resto del mundo, no son solo países pobres como Congo o Granada, pero también naciones europeas como Grecia y España las que van a sufrir. La lista de blancos para los fondos buitre no tiene fin, incluyendo un número de países de Europa Oriental, Asia, Africa y América Latina, como por ejemplo Ucrania y Mynamar. La pregunta sigue vigente: ¿puede el mundo quedarse quieto mientras los próximos buitres y reinas del mundo se pelean por el futuro de una nación mientras su pueblo mira con impotencia?

SOURCES

Abelson, Max and Porzecanski, Katia, "Paul Singer Will Make Argentina Pay"
Business Week, August 7, 2014

Allen, Katie, "UN urged to swoop on vulture funds" theguardian.com, September 2, 2014

Barnato, Katy, "Not just Argentina: Other nations in debt doldrums" CNBC.com, September 2, 2014

Dayen, David, "Why Argentina's Crazy Debt Gambit Could Make Sense" The Fiscal Times, August 22, 2014

De Miguel, Veronique, "Argentina's Cristina Fernandez Kirchner: Woman, wife, first lady and president" VOXXI, July 19, 2012

De Sola, David "U.S. analysts sought details on mental health of Argentine president" CNN, December 1, 2010

Fernholz, Tim "The "vulture funds" are tired of being portrayed as the bad guys in Argentina's debt crisis" Quartz, August 19, 2014

Goni, Uki "Cristina Kirchner: she's not just another Evita" The Guardian, February 4, 2012

Goodman, Leah McGrath, "Axel Kicillof Is Argentina's Secret Weapon Against Default" Newsweek, July 30, 2014

Hong, Nicole, and Day, Matt, "U.S. Judge Says Argentina's Debt Swap Proposal Is Illegal" Wall Street Journal, August 21, 2014

Karabell, Zachary, "Argentina's financial woes can be partly blamed on one New York hedge fund" Slate.com August 1, 2014

Keenan, Terry, "Argentina president uses 'villian' Paul Singer" New York Post, August 31, 2014

Levine, Matt, "How Should Future Argentinas Treat Future Vultures?" Bloomberg View, August 29, 2014

Lopez, Linette, "Paul Singer Doesn't Understand Why We're So Obsessed With His Little Argentina Investment" Business Insider, July 30, 2014

Lopez, Linette, "Paul Singer's Next Trick Could Make The Argentine Government Way Angrier Than The Time He Took Its Boat" Business Insider, August 15, 2014

Lopez, Linette, "The Judge In The Argentina Vs. Hedge Funds Case Just Exposed A Big Weakness" Business Insider, August 22, 2014

Mount, Ian, El Calfate and Sherwell, Philip, "The Argentine president and her empire in the south" The Telegraph February 2012

Oakford, Samuel, "Vultures Circle as Argentina's Debt Crisis Gets Weird" VICE News July 1, 2014

Olive, David "Argentina has become the next global plaything" Toronto Star, August 25, 2014

Palast, Greg "How Barack Obama could end the Argentina debt crisis" The Guardian, August 7, 2014

Parks, Ken, "Argentina Economy Minister Axel Kicillof to Lead Debt Negotiating Team" Wall Street Journal, July 6, 2014

Perez, Santiago and Turner, Taos, "In Argentina, Mix of Money and Politics Stirs Intrigue Around Kirchner" Wall Street Journal July 28, 2014

Phelan, Stephen, "Argentina in latest debt default crisis pits 'motherland' against 'vultures'" The Guardian, August 20, 2014

Porzecanski, Katia "Washington Trip Provokes Call for Debt Talks: Argentina Credit" Bloomberg, July 3, 2014

Porzecanski, Katia and Russo, Camila, "George Soros has suddenly emerged as a key player in the fight over Argentina's debt" Bloomberg News, August 26, 2014

Reilly, Jill, "Fury in poverty-stricken Argentina as Cristina Kirchner is accused of spending £20,000 a day having newspapers delivered to her by Presidential jet" Daily Mail, July 30, 2014

Romero, Simon and Gilbert, Jonathan, "The Influential Minister Behind Argentina's Economic Shift" New York Times, January 26, 2014

Turner, Taos and Perez, Santiago, "Hedge Fund Targets Nevada Firms in Argentine Debt Dispute" Wall Street Journal, August 15, 2014

Ugeux, Georges, "The Obscene Escalation of the Vulture Funds Against Argentina" Huffington Post, August 17, 2014

Weiner, Bryan, "Leader Profiles: Cristina Kirchner" Center for Conflict Studies Dec-2013-Jan 2014

Wirz, Matt, "Hedge Funds File U.K. Suit Against BNY Mellon on Argentine Debt" Wall Street Journal, August 25, 2014

www.ingramcontent.com/pod-product-compliance
Lightning Source LLC
Chambersburg PA
CBHW050520290526
45786CB00007B/2632